A PAZ PERPÉTUA

A PAZ PERPÉTUA

Juan Mayorga

Tradução Aderbal Freire-Filho

A Acción Cultural Española – AC/E é uma entidade estatal cuja missão é difundir e divulgar a cultura espanhola, seus acontecimentos e protagonistas, dentro e fora de nossas fronteiras. No Programa de Intercâmbio Cultural Brasil-Espanha, essa missão se concretiza graças ao apoio do TEMPO_FESTIVAL, do Rio de Janeiro, que convidou a Editora Cobogó para fazer a edição em português de dez textos fundamentais do teatro contemporâneo espanhol, e contou com a colaboração de quatro dos festivais internacionais de teatro de maior prestígio no Brasil. Estão envolvidos no projeto: Cena Contemporânea – Festival Internacional de Teatro de Brasília; Porto Alegre em Cena – Festival Internacional de Artes Cênicas; Festival Internacional de Artes Cênicas da Bahia – FIAC; Janeiro de Grandes Espetáculos – Festival Internacional de Artes Cênicas de Pernambuco; além do TEMPO_FESTIVAL, Festival Internacional de Artes Cênicas do Rio de Janeiro.

Cada festival colaborou indicando diferentes artistas de teatro brasileiros para traduzir as obras do espanhol para o português e organizando residências para os artistas, tradutores e autores que farão em seguida as leituras dramatizadas para o público dos festivais.

Para a seleção de textos e de autores, estabelecemos uma série de critérios: que fossem peças escritas neste século XXI, de autores vivos ganhadores de pelo menos um prêmio importante de dramaturgia, que as peças pudessem ser levadas aos palcos tanto pelo interesse intrínseco do texto quanto por sua viabilidade econômica, e, por último, que elas girassem em torno de uma temática geral que aproximasse nossos autores de um público com conhecimento escasso da dramaturgia contemporânea espanhola, com especial atenção para os gostos e preferências do público brasileiro.

Um grupo de diretores de teatro foi encarregado pela AC/E de fazer a seleção dos autores e das obras. Assim, Guillermo Heras, Eduardo Vasco, Carme Portaceli, Ernesto Caballero, Juana Escabias e Eduardo Pérez Rasilla escolheram *A paz perpétua*, de Juan Mayorga, *Après moi le déluge (Depois de mim, o dilúvio)*, de Lluïsa Cunillé, *Atra bílis*, de Laila Ripoll, *Cachorro morto na lavanderia: os fortes*, de Angélica Liddell, *Cliff (Precipício)*, de Alberto Conejero, *Dentro da terra*, de Paco Bezerra, *Münchausen*, de Lucía Vilanova, *NN12*, de Gracia Morales, *O princípio de Arquimedes*, de Josep Maria Miró i Coromina e *Os corpos perdidos*, de José Manuel Mora. A seleção dos textos não foi fácil, dada a riqueza e a qualidade da produção recente espanhola.

A AC/E felicita a Editora Cobogó, os festivais, os autores e os tradutores pela aposta neste projeto, que tem a maior importância pela difusão que possibilita do teatro contemporâneo espanhol. Gostaríamos de agradecer especialmente a Márcia Dias, diretora do TEMPO_FESTIVAL, por sua estreita colaboração com a nossa entidade e com o projeto.

Teresa Lizaranzu
Acción Cultural Española – AC/E
Presidente

Sumário

Sobre a tradução brasileira: Entre nós, caninos   **11**

A PAZ PERPÉTUA   **15**

Por que publicar dramaturgia   **75**

Dramaturgia espanhola no Brasil   **77**

Sobre a tradução brasileira: Entre nós, caninos

A leitura de *A paz perpétua* que fiz antes de começar a traduzi-la me deixou desnorteado. Isso depois de um início tranquilo, pois na apresentação das personagens me dei conta de que completaria um ciclo de cães e gatos do teatro espanhol. Ou seja, já tendo cuidado dos gatos de Lope de Vega, agora cuidaria dos cães de Juan Mayorga.

Há poucos anos traduzi *Gatomaquia*, na versão de um querido amigo uruguaio, o encenador Héctor Manuel Vidal. A comédia de Lope de Vega cria gatos como aqui o drama de Mayorga cria cães. Chamei de comédia e drama, como poderia chamar de tragédias essas contaminações de cães e gatos com os sentimentos e o pensamento humano. Mas, logo em seguida, vi que minha clínica veterinária não teria pacientes iguais, daí a diferença que fiz — drama e comédia (está bem, esqueçam) —, embora, em Lope, além dos conflitos amorosos, também estejam presentes os conflitos sociais.

Mas não era nada disso que me levava a perder o norte, senão a dimensão de cruel humanidade que os cães de

Mayorga iam tomando diante daquele único e mudo ser humano (falo do personagem Humano, não de mim, mas...). À medida que acompanhava a disputa por uma coleira branca e conhecia os valores daqueles três cães que a disputavam, e o sentido da coleira branca e a autoridade e dimensão mítica do cão que conduzia a disputa, me via enredado em uma aventura (teatral) perigosa. Assim, ao final da leitura, carregava a doída sensação de perder o norte. Que o Humano resuma os conflitos e cobre dos concorrentes a decisão final, expondo as complexidades das ideias, dos valores, das ideologias e, sobretudo, que o Humano queira impor a decisão que a sociedade dos homens hoje parece fazer, me levou a uma sensação de pertencer ao mundo errado, o dos homens que ladram. Ou somos cães que falam e nossas qualidades de fiéis, de companheiros, de valentes são falsas?

Com esse sentimento trazido da primeira leitura, comecei a traduzir, a latir e uivar sozinho. Confesso que muitas vezes senti falta de ter um parceiro de tradução. Quando traduzi Ibsen, Brecht e Shakespeare, com meu norueguês e meu alemão de gestos e expressões faciais e meu inglês precário, tive sempre bons parceiros e mais teses do que Umberto Eco sobre tradução, ou pelo menos sobre alguns aspectos dela — sobretudo sobre língua de origem e língua de chegada. Não é o caso quando traduzo do espanhol, a única língua que falo, ou de que me valho, além daquela que veio de fábrica. Então, para não ser só um cão solitário, uivando diante do computador, ficamos conversando o montevideano e o cearense, de onde vem meu cruzamento, e assim fomos em frente, trocando ideias e penas sobre para onde caminha a humanidade e nos confortando, passo a passo.

Fui apresentado a Juan Mayorga por Sanchis Sinisterra no fim do século passado, quando ele era muito jovem e eu ainda apenas velho. Lembro desse encontro, porque muitas vezes me veio à lembrança uma das propriedades da palavra dramática, segundo as lições de Sinisterra: a palavra do autor é diferente da palavra da personagem. Mayorga, em *A paz perpétua*, é tão consciente dessa propriedade e tão corajoso em assumi-la, que talvez venha daí, da convicção de cada personagem em suas próprias palavras e seus próprios sentidos e valores, o desnorteamento do leitor. Só a ação final nos traz de volta a humanidade possível.

O diálogo íntimo de tradutor com o texto foi, enfim, o que me fez retomar o norte na leitura desta peça. E essa é, talvez, uma deformação profissional, pois como encenador não sou mais do que tradutor, e é assim que conheço melhor uma peça. Nesse caso, tradutor de uma poética a outra, em vez de tradutor de uma língua a outra.

Encarem a violência dessa peça como puderem, meus caros cães. Não chego a ponto de indicar os meus métodos: traduzindo ou encenando. Como cheguei antes como tradutor, espero ter tido suficiente empenho e jeito para levar até vocês a força desnorteadora desse texto. E quem quiser traduzir como encenador tem que correr para chegar antes de mim.

Aderbal Freire-Filho
Tradutor

A PAZ PERPÉTUA

Juan Mayorga

Tradução Aderbal Freire-Filho

PERSONAGENS

ODIN (rottweiler impuro)

EMANUEL (pastor-alemão)

JOHN-JOHN (cruza de muitas raças)

CASSIUS (labrador)

HUMANO

Qualquer lugar fechado, com duas portas.

Odin, Emanuel e John-John dormem. John-John está com fones de ouvido.

Odin acorda com mal-estar. Não sabe onde está, quem são os outros. Guiado pelo olfato, procura água, encontra, cheira, bebe. Observa os outros, que continuam dormindo. Examina o lugar. Comprova que as portas estão fechadas.

Emanuel acorda. Não sabe onde está, quem são os outros.

EMANUEL: Você pode me ajudar, amigo? Estou doente.

ODIN: Não sou seu amigo nem você está doente.

EMANUEL: Alguém me deu uma bebida e depois... Não lembro o que aconteceu depois.

ODIN: Toma um gole, vai te cair bem. É boa. A tonteira, a boca amarga, o frio na barriga daí a pouco passam. Você não está doente. Nos drogaram. É lógico.

EMANUEL: O que é lógico? Que nos droguem?

ODIN: Não querem que você saiba onde está. É lógico.

Emanuel bebe água. Começa a se sentir melhor.

EMANUEL: Meu nome é Emanuel.

Oferece a mão a Odin, que a ignora.

ODIN: Não me lembro de ter te visto no estádio, Emanuel.

EMANUEL: Éramos mais de cem.

ODIN: Da Bela Adormecida, sim, eu lembro. Estava no grupo C. E você?

EMANUEL: No F.

ODIN: No F? Tem certeza? Não me lembro de nenhum pastor-alemão no F.

EMANUEL: Você não deve ter olhado bem.

ODIN: Qual foi seu tempo na corrida de obstáculos?

Música. Emanuel e Odin esperam que aconteça alguma coisa. Não acontece nada.

ODIN: O meu foi 7,5 segundos. Você fez em quanto?

EMANUEL: Não terminei. Tropecei na terceira barreira.

ODIN: Foi você aquele que derrubou a barreira?

EMANUEL: Não vi. Me distraí.

JOHN-JOHN: Cinco vírgula quarenta e oito.

John-John abre os olhos. Não sabe onde está nem quem são os outros.

JOHN-JOHN: Cinco segundos, 48 centésimos. Contra o vento.

No seu fone de ouvido escuta alguma coisa que não ouvimos. Marca seu território.

JOHN-JOHN: De verdade, você precisou de 7,5 segundos? Fizeram você correr com uma pata amarrada nas costas?

A música para. Os três esperam que aconteça alguma coisa. Não acontece nada.

JOHN-JOHN: Olha onde põe o rabo. Não está vendo as marcas?

Teatralmente, Odin se joga e cai na área marcada por John-John.

JOHN-JOHN: Vou contar até três. E aí vou limpar minha área. Vou tirar da minha área todo lixo que encontrar.

Odin cantarola a música.

JOHN-JOHN: Um. Dois. Três.

Mostra os dentes. Odin mostra os seus, em atitude de espera. John-John vai pular em Odin quando se abre uma das portas — vamos chamá-la de porta A —, pela qual aparece o Ser Humano. John-John olha para Odin como que adiando o combate, vai atrás do boneco de borracha que o Humano joga para ele e devolve-o com a boca para que o Humano jogue outra vez... O Humano se comunicará com ele, como com os outros, usando monossílabos. O Humano e John-John brincam até que, também pela porta A, entra Cassius, caolho e manco; no pescoço, uma velha coleira branca.

CASSIUS: Fizeram boa viagem, cavalheiros? Estão bem acomodados? Se precisarem de alguma coisa, basta pedir a ele. [*aponta o Humano*] Ele está aqui pra servi-los.

JOHN-JOHN: [*a Odin e Emanuel*] Mas ele não é... Vocês não o reconhecem?

CASSIUS: Estão aqui porque se destacaram do resto dos aspirantes. São os melhores candidatos. Nossos finalistas.

JOHN-JOHN: Esse velho labrador é o grande Cassius! Não sabia que ainda estava vivo. Cassius vai nos examinar!

CASSIUS: Três finalistas e só uma coleira. Uma coleira como esta. Vocês já tinham visto alguma vez uma coleira de K7?

Odin, Emanuel e John-John admiram a coleira branca de Cassius.

CASSIUS: John-John, Odin e Emanuel, os três aspiram a ser um K7, mas só um poderá ser. Só um é o melhor e estamos aqui para encontrá-lo. O exame final consta de três provas. A primeira, que começa aqui, é um exercício prático.

JOHN-JOHN: Não ouviram? Só existe uma coleira. Eu fui destinado a essa coleira antes de nascer. Meus pais já faziam esse trabalho, e os pais dos meus pais. Não percam o tempo de vocês.

Cassius faz um gesto para o Humano. Este entrega a cada candidato um giz colorido.

CASSIUS: Há três dias, dois homens tiveram um encontro aqui. Um deles estava doente. Reconstruam o percurso do doente desde que entrou até a sua saída. Podem cantar.

A um gesto de Cassius, o Humano aciona um cronômetro: tic-tac, tic-tac... Os candidatos farejam o recinto. John-John, apressada e caoticamente, cantando; Emanuel, metodicamente, dividindo o espaço; Odin, sem sair do lugar, movendo só o nariz. Daí a pouco, eufórico, John-John desenha no chão o itinerário. Cassius consulta o cronômetro e anota no caderno. Daí a pouco, Odin desenha outro itinerário; Cassius consulta o cronômetro e anota no caderno. Daí a pouco, Cassius faz um gesto a fim de que o Humano pare o cronômetro, anota e sai pela porta A, que se fecha. Silêncio.

JOHN-JOHN: Por quê?

ODIN: Por que o quê?

JOHN-JOHN: Por que ele não parou o relógio quando eu encontrei o rastro?

ODIN: Sabe o que você encontrou? [*morre de rir. Se diverte com a expectativa de John-John*] Vermes, foi isso o que você encontrou.

John-John fareja o rastro que desenhou.

JOHN-JOHN: Não são vermes. Conheço o cheiro de vermes.

ODIN: Seu rabo está na minha zona. Não é homem, é verme. Tira o rabinho da minha zona.

Vão brigar. O Humano separa os dois jogando carne para eles. John-John come de mau humor.

ODIN: Vai te cair mal se você comer assim puto da vida. Olha pelo lado bom, coração: você encontrou seu mestre. Primeira lição: "Em que se diferencia o homem do verme."

JOHN-JOHN: Ainda faltam duas provas. Você não me tira a coleira.

ODIN: Não sei se quero essa coleira. Vou saber depois que ouvir as condições.

JOHN-JOHN: Se você não sabe se quer ganhar, não pode ganhar.

ODIN: A verdade é que começo a me sentir motivado. Nunca tinha comido uma carne como esta.

JOHN-JOHN: Cassius não pode gostar de um sujeito como você. Sabe como ele perdeu o olho? Lutando

	por uma coisa mais importante do que o estômago.

ODIN: Tem razão, ele não pode gostar de mim. Mas eu encontrei o rastro. Não tenho teu pedigree, princesa, sou o cruzamento de dois vira-latas. Mas eu chamo o pão, pão, e o verme, verme.

EMANUEL: Talvez não tivesse nada pra encontrar.

JOHN-JOHN: ?

EMANUEL: Talvez ele estivesse blefando.

ODIN: Se não tinha rastro, você ganhou, ficando de boca fechada. Mas tinha rastro. E eu encontrei.

EMANUEL: Pode ser. Mas talvez queiram avaliar outras coisas. Não o nosso olfato. Ou não só isso.

JOHN-JOHN: Ah, sim? Que outras coisas podiam querer avaliar?

EMANUEL: Nosso olfato já não é tão importante. Eu li que na Colômbia usam ratos, e em Israel, porcos.

ODIN: Filhos da puta!

EMANUEL: Parece que são mais fáceis de adestrar e mais baratos. Em todo caso, nosso olfato vai ter um valor de mercado cada dia mais baixo. Eu li que os japoneses inventaram um nariz artificial.

ODIN: A narina mecânica? Com pelos ou sem pelos?

EMANUEL: É preciso se acostumar com a ideia: daqui a pouco haverá máquinas com melhor olfato do que nós. E mais ágeis, e mais fortes. Mas existem qualidades que nunca nenhuma máquina vai ter.

JOHN-JOHN: O que mais eles podiam querer avaliar? Hein?

EMANUEL: A serenidade diante de uma situação-limite. A rapidez de análise de um contexto complexo. A capacidade de observar os outros indivíduos.

JOHN-JOHN: Você se acha muito esperto, não é?

EMANUEL: Não.

JOHN-JOHN: Não tenho saco para espertinhos. Você acha que eu sou um monte de músculos sem cérebro, um fortão babaca.

EMANUEL: Não tanto a ponto de me atacar e se autoeliminar. Provavelmente estamos sendo observados. Vai querer que te expulsem por não manter o controle?

John-John desiste de atacar Emanuel. Sente a cabeça doer.

EMANUEL: Está sentindo alguma coisa? Você está bem?

John-John toma um comprimido para aliviar a dor.

ODIN: [*ao Humano*] Estou com fome. Me traga mais.

JOHN-JOHN: Não fale assim com ele. Mais respeito.

ODIN: [*ao Humano*] Não ouviu? Outro filé, voando.

John-John ameaça atacar Odin, que se prepara para a luta. Mas Odin se vira para a outra porta, que chamaremos porta B. Cheira a porta.

ODIN: Tem alguma coisa do outro lado. Alguma coisa viva.

John-John encosta a orelha na porta B. Confirma que do outro lado tem algo vivo.

EMANUEL: Já disse a vocês: estão nos observando. Com certeza tem microfones em toda parte. [*apontando para um espectador*] Isso não é uma câmera?

Como para uma câmera, Odin faz gestos burlescos para o espectador. O Humano coloca uma correia em John-John, tira os seus fones de ouvido e o leva pela porta A, fechando-a em seguida. Odin e Emanuel dissimulam seu desconcerto.

ODIN: Esse sujeito não é meio estranho? Tem orelhas de boxer, mas seu focinho é de rottweiler. E anda como um pit bull.

EMANUEL: E fala como um dogo argentino.

ODIN: Isso, fala como um dogo argentino.

EMANUEL: Cada vez fazem cruzas mais audaciosas.

ODIN: Me dão engulhos esses bichos de laboratório. Não sei onde vamos parar.

EMANUEL: Estão procurando o cachorro perfeito. O cachorro nota dez. Estão tentando há séculos. Você sabia que os dobermann não são naturais?

ODIN: São de plástico?

EMANUEL: Não tinha dobermann na Arca de Noé. Foi criado por um tal Luís Dobermann, um guarda-noturno, depois de cruzar várias raças.

ODIN: Luís Dobermann? Está de sacanagem!

EMANUEL: Ele procurava o guardião perfeito: a agressividade do pinscher, a resistência do rottweiler, as mandíbulas do pointer...

ODIN: Foi misturando até chegar ao perfeito filho da puta.

EMANUEL: Conseguiu. Foi morto por um dobermann.

Silêncio.

EMANUEL: Este lugar é...

ODIN: Muito limpo. Eu não gosto.

EMANUEL: Tem cheiro de quê?

ODIN: Fizeram uma limpeza há três horas. Passaram desinfetante.

EMANUEL: Que horas serão?

ODIN: Não sei.

EMANUEL: A luz já mudou três vezes. E a temperatura. Escuta. Não são...? Aviões?

ODIN: Pode ser.

Silêncio. Música.

ODIN: Que porra está acontecendo? Ele ganhou? Ou foi eliminado?

EMANUEL: Por causa do verme?

ODIN: Não é verme. Eu falei só pra foder com ele.

Silêncio.

ODIN: Queria saber que música esse sujeito ouve.

Pega os fones de ouvido de John-John. Emanuel não acha direito, e menos ainda que coloque nos ouvidos. O que Odin ouve nos fones de ouvido o assombra.

ODIN: Como não vai ter dor de cabeça ouvindo essa merda?

Odin passa os fones para Emanuel, que se deixa convencer, os coloca, mas não aguenta nem três segundos.

ODIN: Explosões, gritos, ambulâncias... Esse sujeito tá dopado.

Silêncio.

ODIN: Não, não acho que ele tenha sido desclassificado. Se esse sujeito é boxer, mais rottweiler, mais pit bull, mais dogo argentino e ainda por cima está dopado, será impossível ganhar dele.

EMANUEL: É um rival difícil, com certeza.

ODIN: A menos que a gente se junte. Não faça essa cara, você me compreendeu muito bem, estou te propondo um pacto. A gente tira ele da jogada e depois disputamos você e eu. A esse sujeito sobram músculos, mas ele é muito verde. Nós dois juntos podemos convencer esse idiota de que este não é lugar para um campeão como ele. Que ele poderia ganhar muito dinheiro nesses concursos de beleza para cachorros veadinhos. Tiramos o Frankenstein e disputamos a coleira branca você e eu, entre dois cachorros de verdade. O que você diz?

EMANUEL: Que ganhe o melhor. Se John-John é o melhor, ele deve ganhar.

ODIN: "Que ganhe o melhor". Quem você quer enganar? Ah, estava falando pra câmera. [*ao espectador-câmera, imitando Emanuel*] "Que ganhe o melhor. Se John-John é o melhor, ele deve ganhar. E se é preciso chupar alguém, está aqui minha boquinha." [*a Emanuel*] Você acha que eles são bobos? [*ao espectador-câmera*] Senhor Cassius, ou quem caceta estiver nos assistindo: eu sei que o senhor aprecia a sinceridade. Se o senhor e eu chegamos a um acordo sobre as condições, pode estar certo de que...

Cala-se ao abrir-se a porta A. É o Humano que volta com John-John. O humano põe a correia em Emanuel e o leva, fechando a porta. John-John põe seus fones de ouvido. Silêncio.

ODIN: Que tal o passeio? O dia está bonito?

JOHN-JOHN: Este lugar é alucinante. Tem aparelhos do caralho, tecnologia de ponta para medir tudo: agudeza visual, reflexos, DNA... do caralho.

ODIN: Então foi você o escolhido. Porque todas essas medições significam que te escolheram.

JOHN-JOHN: Você acha mesmo?

ODIN: O que é que se pode fazer, você é o melhor. Devem ter ficado impressionados com seus números: agudeza, reflexos, código genético...

JOHN-JOHN: 40% boxer, 30% rottweiller, 15% pit bull, 15% dogo argentino.

ODIN: Mas você não é só genética. Dá pra ver que você se preparou a fundo para chegar aqui.

JOHN-JOHN: Isso mesmo. Tive os melhores mestres.

ODIN: Um colégio caro, com certeza.

JOHN-JOHN: Dezoito mil por semestre.

ODIN: E quanto tempo você ficou lá?

JOHN-JOHN: Ano e meio.

ODIN: Ou seja, você vale 54 mil. Estou diante de um cachorro de 54 mil! Uau!

JOHN-JOHN: Claro, foi quanto custou minha educação.

ODIN: Um dinheiro bem empregado. É uma profissão com muito futuro. Com certeza era difícil conseguir vaga nesse colégio.

JOHN-JOHN: Selecionam os filhotes com melhor pedigree. Os três primeiros meses são eliminatórios: se você não é bom, pra casa! Nesse tempo, te condicionam a não chorar mesmo sentindo dor, a aguentar fome e sede e, sobretudo, a não ter medo. O tempo todo colocam barulhos de explosões, para acostumar os nervos. Depois vem a especialização: narcóticos, imigração ou segurança. Mas você não pode escolher: os melhores são mandados para segurança. Em seguida, começa a parte prática: embaixadas, estádios, aeroportos... Te preparam para reagir em qualquer circunstância. Te soltam num supermercado cheio de gente e você tem que neutralizar um homem-bomba.

ODIN: Um homem-bomba! Que emocionante!

JOHN-JOHN: Bem, um ator no papel de homem-bomba. Na minha escola, nada de bonecos, sempre atores, mesmo sendo mais caro. Atores em todo tipo de simulações: perseguição de suspeitos, sequestros, desabamentos, manifestações...

ODIN: Manifestações?

JOHN-JOHN: Lição 41: "Erro na repressão, a manifestação vira revolução." Ensinam você a ser persuasivo, a só utilizar a violência como último recurso. Lição 39: "Se você mostra os dentes, não precisa morder muita gente."

ODIN: Você tem saudade da sua escola, cara?

JOHN-JOHN: Tiveram momentos difíceis, mas foram superados com amizade e camaradagem.

ODIN: Aqui é tudo muito diferente, não é mesmo? Aqui não se pode confiar em ninguém. Esse sujeito, Emanuel. Não confio nele.

JOHN-JOHN: Nem eu.

ODIN: Sua boca diz uma coisa e seu cheiro mostra outra. Age como se fosse nosso amigo. Mas não está aqui pra fazer amigos. Está aqui porque quer a coleira branca e só existe uma coleira branca. Ele sabe que você é um rival invencível. Por isso inventou a história das câmeras. Um cachorro esperto.

JOHN-JOHN: Não tem câmeras?

ODIN: Quando se saiu com essa? Bem na hora em que você ia dar a ele o que ele merecia. Acha que com sua lábia vai te anular. Sabe o que ele acaba de me dizer sobre você?

JOHN-JOHN: O quê? O que foi que ele disse de mim?

ODIN: "Muito músculo, mas muito verde."

JOHN-JOHN: Que eu sou muito verde, foi o que esse filho da puta disse? O que ele quis dizer com isso?

ODIN: Verde. Como as plantas.

JOHN-JOHN: No meu colégio não davam biologia. É um filho da puta... Mas o que ele quis dizer?

ODIN: Que você é um ingênuo, um babaca.

JOHN-JOHN: Grande filho da puta...

ODIN: Esse cara é um mau-caráter. Sabe por que inventou essa história de câmeras? Ele quer privar você da sua maior virtude: o instinto. Ele sabe que vai estar perdido se você se deixa guiar por seu instinto. O que pede seu instinto?

JOHN-JOHN: Para matá-lo.

ODIN: Quero vê-lo a teus pés, com o pescoço quebrado, se esvaindo em sangue.

JOHN-JOHN: Isso, isso!

ODIN: Não se precipite. Quando ele estiver desprevenido, você vai pra cima dele como um relâmpago.

JOHN-JOHN: Como um relâmpago.

ODIN: Não esqueça que ele é um cachorro esperto. Não deixe que ele te confunda. Mostre que você é mais esperto do que ele. Estão vindo. Já sabe, como um relâmpago.

JOHN-JOHN: Como um relâm...

ODIN: Psssiu.

Abre-se a porta A. É o Humano, que volta com Emanuel. O Humano põe a correia em Odin e o leva. Antes de sair, Odin troca olhares com John-John. Emanuel nota algo estranho na atitude de John-John. Cada vez que Emanuel lhe dá as costas, John-John ameaça lançar-se sobre ele. Todas as vezes, Emanuel se volta, frustrando o ataque.

EMANUEL: Odeio exames médicos. Não suporto ver sangue. Desde que era filhote, é ver a agulha e ficar tonto... E que me façam urinar, acho horrível... Esse aparelho que parece um medidor de quilometragem, você conseguiu saber o que ele mede? E depois, te tomam a pegada de uma pata só. Da mão esquerda.

JOHN-JOHN: Quer dizer que sou um ingênuo, um babaca? Então, sou mais verde do que as plantas?

EMANUEL: O que está acontecendo com você?

JOHN-JOHN: O que está acontecendo, sabichão, é que vou fazer picadinho de você.

Se lança sobre Emanuel. Mas, para surpresa de John-John, Emanuel contra-ataca como um bom lutador. Brigam. John-John está ganhando.

EMANUEL: Você ouviu?

JOHN-JOHN: O quê?

Aponta para a porta B.

EMANUEL: Atrás dessa porta. Não está ouvindo uma espécie de reza? Não tem alguém rezando?

JOHN-JOHN: Não ouço nada.

EMANUEL: Você crê em Deus?

JOHN-JOHN: ?

EMANUEL: Se Cassius te propõe o tema "Deus", você já pensou o que vai responder? Na entrevista esse tema é provável. Nos tempos que correm, não se pode fazer esse trabalho sem saber teologia. Muitos desses que andam por aí explodindo bombas dizem que têm Deus ao seu lado. Matam em nome de Deus. Mas o que querem dizer com "Deus"? O que têm na cabeça quando falam de Deus? Se Cassius te propõe o tema "Terrorismo e Deus", o que você vai responder?

JOHN-JOHN: No meu colégio não davam religião.

Imobiliza Emanuel, que fica à sua mercê.

EMANUEL: [*quase ininteligível*] Eu começaria falando para eles da aposta de Pascal.

Pausa.

JOHN-JOHN: Aposta de quem?

EMANUEL: Pascal diz que tanto a existência de Deus quanto sua inexistência são indemonstráveis; portanto, consideremos a questão como uma aposta. É como uma roleta de duas casas. Uma diz: "Deus existe"; a outra diz: "Deus não existe". Segundo Pascal, convém apostar na casa "Deus existe".

JOHN-JOHN: ?

EMANUEL: Se você aposta em "Deus não existe" e Deus efetivamente não existe, o que você ganha? Só esses fugazes prazeres a que o crente renuncia e que o ateu se permite. Esses mesmos efêmeros gozos que você vai perder se aposta "Deus existe" e acontece que Deus não existe. Por outro lado, se você aposta "Deus não existe" e Deus existe, você vai lamentar eternamente no inferno. Por último, se você aposta "Deus existe" e Deus existe, você ganha a eternidade.

Silêncio.

JOHN-JOHN: Pode repetir?

A pressão de John-John vai relaxando. Sem que John-John se dê conta, Emanuel acaba por se safar, enquanto conversam.

EMANUEL: É como um dado que só tem dois lados...

JOHN-JOHN: Não era uma roleta?

EMANUEL: Dá no mesmo. Uma roleta de duas casas, um baralho de duas cartas, uma moeda... Isso, uma moeda: cara ou coroa.

JOHN-JOHN: Não me confunda, não me confunda, que eu te...

EMANUEL: Está bem, está bem, roleta, duas casas. Uma diz "Deus existe"; a outra diz "Deus não existe".

Emanuel usa dois objetos que encontra para representar "Deus existe" e "Deus não existe".

EMANUEL: O que você escolhe?

JOHN-JOHN: Essa casa.

EMANUEL: Você aposta em "Deus não existe"?

JOHN-JOHN: Essa não é "Deus existe"?

EMANUEL: Essa é "Deus não existe".

JOHN-JOHN: Essa mesma.

EMANUEL: Escuta Pascal: "Se Deus existe, você pode ser condenado pelos séculos dos séculos. Se não existe, tudo vai à merda de qualquer jeito."

JOHN-JOHN: Pascal tem razão. A outra.

EMANUEL: Segundo Pascal, essa é a aposta inteligente. Segundo Pascal...

A porta A se abre. O Humano traz Odin, que não entende o que está vendo.

JOHN-JOHN: [*a Odin*] Você crê em Deus?

Odin conversa com John-John à parte.

ODIN: Achei que ia encontrá-lo a teus pés, com o pescoço quebrado, ensanguentado. Que diabo aconteceu?

JOHN-JOHN: Você ouviu falar de um apostador chamado Pascal?

ODIN: Te confundiu. Você se deixou confundir.

JOHN-JOHN: Uma roleta: "Deus existe" ou "Deus não existe". Se você aposta aqui, a eternidade, se não, o que você perde? Perde o quê, hein? Não, não é assim. Como é? Uma roleta. Se aposta nesse, você vai arder eternamente. Mas se Deus não existe... Tudo começou com uns sussurros atrás dessa porta, então ele me perguntou sobre Deus e daí a pouco estávamos falando desse tal Pascal.

ODIN: Esse cara é cobra criada.

JOHN-JOHN: Pascal?

ODIN: Astuto como uma serpente.

JOHN-JOHN: Mas é um assunto provável: Deus. O que você diria se Cassius perguntasse?

Calam-se quando entra Cassius pela porta A.

CASSIUS: Cavalheiros, está na hora de dar início à segunda prova.

JOHN-JOHN: Como foi a primeira, senhor? Não vai nos dar os resultados?

CASSIUS: Só admitiremos um xis por pergunta. Cada resposta errada será avaliada com um ponto negativo.

O Humano entrega a cada candidato caneta e papel. Seguindo indicações de Cassius, vai acionar ou parar o cronômetro: tic-tac, tic-tac...

CASSIUS: Um. Qual é o raio de ação de 7 gramas de TNT?

a) 100m.
b) 20m.
c) 500m.

Tempo.

CASSIUS: Acabou o tempo. Dois. Ao identificar um carro-
-bomba em movimento, o que um cachorro
deve fazer?

a) Matar o condutor.
b) Imobilizar o condutor, deixando-o com vida.
c) Colocar-se na rota do carro, provocando a
explosão.

Tempo.

CASSIUS: Acabou o tempo. Três. Em caso de desacordo
entre o homem e o cachorro, quem decide?

a) O homem.
b) O cachorro.
c) Não pode haver desacordo.

Tempo.

CASSIUS: Acabou o tempo. Quatro. Caso seja capturado,
o que o cachorro deve fazer?

a) Fingir que passa pro lado do inimigo.
b) Cortar a língua.
c) Suicidar-se.

Tempo. John-John toma um comprimido.

CASSIUS: Acabou o tempo. Cinco. Cheirem essas três
roupas e digam qual delas pertence a um ter-
rorista.

Tempo.

CASSIUS: Acabou o tempo. Seis. Se a neutralização de um suspeito põe em perigo uma vida inocente, o que o cachorro deve fazer?

a) Desistir da neutralização.
b) Completar a neutralização.
c) Nenhuma vida é inocente.

Tempo.

CASSIUS: Acabou o tempo. Sete. Diante da impossibilidade de proteger simultaneamente duas possíveis vítimas, quem o cachorro deve proteger?

a) A vítima mais jovem.
b) A vítima mais fraca.
c) A vítima de maior valor simbólico.

Tempo. John-John toma um comprimido.

CASSIUS: Acabou o tempo. Oito. Onde se deve morder um homem-bomba?

a) Nos olhos.
b) Nos testículos.
c) Na mão esquerda.

Tempo.

CASSIUS: Acabou o tempo. Nove. Como qualificaria os espanhóis que combateram o invasor francês entre os anos 1808 e 1813?

a) Insurgentes.
b) Terroristas.
c) Guerrilheiros.

Tempo. John-John toma dois comprimidos.

CASSIUS: Acabou o tempo. Dez. Em menos de 25 palavras, defina o conceito de "terrorismo".

Tempo.

CASSIUS: Acabou o tempo. Assinem e entreguem.

Cassius recolhe as provas e sai pela porta A, que se fecha. Furioso, John-John bate no chão e nas paredes.

JOHN-JOHN: Merda, merda, merda! Em quase todas, a *a* era igual à *b* e a *c* a mesma coisa, só que noutra ordem. "Defina terrorismo". Que porra quer dizer isso? Até um filhote sabe o que é terrorismo. Acertei pelo menos seis. Pelo menos quatro. "Defina terrorismo". Você escreveu o quê?

ODIN: Deixei em branco.

JOHN-JOHN: Em branco? Como em branco?

ODIN: Quantos anos você tem, meu garoto?

JOHN-JOHN: Três.

ODIN: Na sua idade, já devia saber o que os homens fazem com as palavras. "Terrorismo". Eles usam as palavras. Estiram, encolhem, torcem, mudam de um lugar pra outro. Não se deixe enredar pelas palavras que eles dizem.

JOHN-JOHN: Você está falando do quê? De que lado você está?

ODIN: Não estou de lado nenhum. Nem você. Nós, cachorros, não temos lado, nem pátria, nem casa. Não vou com a sua cara, garoto, mas vou te dar um bom conselho: não se meta nas coisas dos homens.

JOHN-JOHN: Quem disse que nós, cachorros, não temos lado? Eu tenho lado, tenho certeza de que tenho.

ODIN: Por que você não procura entender mais isso de Pascal, bonitão? Parece que você está engasgado com isso. Mas, se aprender direito, você vai deixar Cassius tiritando.

Dá a John-John os elementos da roleta imaginária. John--John começa a falar sozinho, tentando reconstruir o argumento de Pascal.

EMANUEL: [*a Odin*] Você não falaria assim se tivesse passado por isso.

ODIN: Não falaria como? Se tivesse passado por isso o quê?

EMANUEL: Se você tivesse visto o sangue dos inocentes, não falaria como fala.

ODIN: Não conheço ninguém inocente.

EMANUEL: Você é um cínico. Sabia que os gregos chamavam assim, "cínicos", uns filósofos que imitavam os cachorros?

ODIN: "Cínico". Eu gosto. Soa bem: "Odin, o cínico."

EMANUEL: Você não teve quem te quisesse muito, não é?

ODIN: Você que pensa. Meu dono número quatro me adorava. Foi ele quem me colocou o nome Odin. Você imagina essa figura? O tipo de babaca que bota o nome de "Odin" no seu cachorro. Diz-me como chamas teu cão de estimação e te direi quais os teus problemas. Era um complexado, os donos de rottweiler são todos uns complexados. Na verdade, ninguém que tem cachorro em casa merece confiança. A homossexualidade já me parece mal, mas viver com um cachorro... Vejo um cachorro e já sei como é seu dono. Vendo você, imagino que seu dono deve ser um imbecil.

EMANUEL: Vou ganhar essa coleira só pra você não ganhar.

ODIN: Você não pode ganhar, gordinho. A briga é entre o parrudo e eu. Vale mais encolher o rabo e nos deixar a sós. Este trabalho não é para imbecis.

JOHN-JOHN: [*a Emanuel*] Podemos repassar essa coisa de "Se Deus não existe" quando Deus não existe? Ainda não peguei.

EMANUEL: Não tente repetir os argumentos de Pascal, nem os de ninguém. *Sapere aude!*

JOHN-JOHN: O quê?

EMANUEL: O lema de Kant: *"Sapere aude!"* Quer dizer: pense por si mesmo; não deixe que ninguém te diga o que você deve pensar; faça perguntas a você, confie no seu entendimento. *Sapere aude!*

Silêncio.

JOHN-JOHN: Mas então você... Você deve ter sua própria ideia de Deus. Não a de Pascal, a sua. Como você vê essa questão?

EMANUEL: Tenho pensado muito nisso ultimamente. Passei noites sem dormir para chegar à conclusão de que Deus é a ideia de algo desejado mas inalcançável.

JOHN-JOHN: ?

EMANUEL: Um ideal que não se pode alcançar neste mundo, é assim que vejo Deus. Se existe um Deus, é um Deus distante e silencioso. Não intervém na história, não dá prêmios nem castigos...

JOHN-JOHN: Um Deus que não entra nem sai, não premia nem castiga... Que merda de Deus é esse?

EMANUEL: Você tem razão, é um Deus que não alivia a dor do mundo, um Deus que não consola. No fundo, é a pequenez da vida e do entendimento que se expressa nessa ideia de um Deus infinitamente separado dos homens. O que os escolásticos chamavam *"ens realissimun"*, *"summum bonum"*, *"essentia essentiarum"*...

ODIN: Basta! [*ao espectador-câmera*] Tirem ele daqui, joguem fora daqui esse pedante antes que ele nos deixe loucos. [*a Emanuel*] Se você voltar a dizer uma porra de uma palavra em grego, te juro que te te te... [*se surpreende a ponto de bater em Emanuel*] Já estou entendendo, agora compreendo. Estou há um tempo dando nó na cabeça: o que esse aí faz aqui, se não tem olfato, não salta barreiras? Qual é a desse cara? Agora entendo: você não é candidato. [*a John-John*] Não é um aspirante, não está fazendo provas. Faz parte das provas!

JOHN-JOHN: Faz parte das provas?

ODIN: Está aqui para nos irritar e ver como reagimos. Como essa porra dessa música e esse cheiro de água sanitária. Só existem dois finalistas: você e eu.

JOHN-JOHN: Só você e eu?

ODIN: Você ou eu.

Silêncio.

ODIN: Embora eu não tenha a menor chance. Você tem a potência do boxer, a resistência do rottweiler, a agressividade do pit bull, a perseverança do dogo...

JOHN-JOHN: É isso mesmo.

ODIN: De finalista a finalista, John-John, você me permite fazer uma pergunta?

JOHN-JOHN: ?

ODIN: Como você sabe que não colocaram em você 10% de tartaruga, para te endurecer, ou 7% de coelho, para te dar agilidade? Agora existem muitas maneiras: hormônios, genes, clones... Como você sabe que não botaram no teu coquetel 20% de homem, pra te fazer 20% mais imbecil?... Vamos, garoto, não fique assim, minha árvore também não é toda de primeira. Olha essa mão, não é de cão de caça? Minha avó era meio galinha. Mas ao menos eu sei que sou só cachorro. Já te disseram que você tem olhos de macaco?

John-John ataca furiosamente Odin. Para protegê-lo, o Humano aplica choques elétricos em John-John até amansá-lo e põe nele uma focinheira.

ODIN: [*ao espectador-câmera*] Está vendo, Cassius, o garotão não se domina. Imagine enfrentando uma situação crítica? Não é o tipo de funcionário que o senhor procura. Para sorte sua, eu estou disposto a estudar uma boa oferta...

Cala-se ao abrir-se a porta A, por onde entra Cassius.

CASSIUS: John-John, Emanuel, façam o favor de sair?

JOHN-JOHN: [*quase ininteligível, por causa da focinheira*] Mas quem está ganhando? Não vão nos dizer quem está ganhando?

CASSIUS: No fim do corredor, vocês vão encontrar três portas: a da biblioteca, a da sala de televisão e a do jardim. Podem esperar onde quiserem.

Emanuel e John-John saem. O Humano fecha a porta A e põe a correia em Odin. Durante esta e as outras entrevistas, o Humano poderá dirigir o candidato com a correia, obrigando-o a ir a algum lugar do recinto, adotar uma postura ou fazer um exercício físico. Cassius tomará notas em seu caderno.

CASSIUS: Você tem um minuto para se apresentar.

Silêncio.

ODIN: Não sei idiomas. Não sei quase nada. Sei tudo o que é preciso saber.

Silêncio.

CASSIUS: No seu currículo não consta data nem lugar de nascimento.

ODIN: Calculo que devo ter uns seis anos. Não tenho nem ideia de onde nasci.

CASSIUS: Também não constam dados sobre seus pais.

ODIN: Não constam.

CASSIUS: Filhos?

ODIN: Não constam.

CASSIUS: Odin é seu nome verdadeiro?

ODIN: Quem tem nome verdadeiro? Antes de Odin eu tive outros três, tantos quanto donos: Express, Fortuna e Furor. Pode me chamar como quiser.

CASSIUS: Me custa imaginá-lo como um animal de companhia.

ODIN: Pois fui. Até que me cansei de carícias e de beijar sapatos.

CASSIUS: E então?

ODIN: A rua foi minha universidade. Na rua aprendi a grunhir para dar medo e a uivar para dar pena. E, sobretudo, refinei este nariz. Aprendi que o que quer bater em você tem um cheiro diferente do que quer te acariciar.

CASSIUS: Tenho que reconhecer que seu olfato é formidável.

ODIN: Três juízes aceitaram meu testemunho de reconhecimento pelo cheiro em processos de homicídio. Posso distinguir 2 mil tipos de cheiro. Posso identificar pelo cheiro qualquer agente químico ou biológico em um raio de 30 metros, com uma precisão de 97%.

CASSIUS: Atualmente você trabalha na alfândega. Pode me explicar qual é sua função?

ODIN: Os caminhões. Pelo cheiro, determino a densidade de dióxido de carbono. Muito dióxido é sinal de que tem gente respirando. Clandestinos.

Silêncio.

CASSIUS: Esteve empregado em um hospital. Mas não no serviço de segurança. Trabalhava na seção de oncologia. Pode esclarecer este ponto?

ODIN: Detectava tumores.

CASSIUS: É capaz de descobrir um câncer com o olfato?

ODIN: Com uma probabilidade de 87%.

CASSIUS: Salvou vidas. Um trabalho emocionante.

ODIN: Quatro quilos de filé por dia e uma fêmea nova cada três meses. Recebi uma oferta melhor e me transferi.

CASSIUS: Que mais pode detectar? A alegria? A tristeza?

ODIN: Está me provocando?

CASSIUS: Minha consciência, pode cheirá-la?

ODIN: Não.

CASSIUS: Deixou esse emprego no hospital. E outros. Mudou frequentemente de trabalho.

ODIN: Nunca me despediram. Fui sempre eu que saí.

CASSIUS: Para onde?

ODIN: Sempre na mesma direção. Meu bem-estar. Sei o que está pensando, Cassius. Pode dizer, diga a palavra: mercenário. Olhe, Cassius, se quer ideologia, escolha o moleque, tem ideologia para encher um trem. Ou o sabichão, esse tem filosofia, que é ideologia para principiantes. Quer ideologia? Escolha um desses dois. Mas se quer um profissional, eu sou o homem.

CASSIUS: Não tem ideologia? Dá no mesmo estar do nosso lado como estar contra nós?

ODIN: Com quem você quer que eu esteja? Pense, Cassius, e quando tiver pensado, procure me fazer uma boa oferta.

CASSIUS: Tanto faz estar do lado deles ou do nosso?

ODIN: Eles? Os maus? Diga quem são, pra você, os maus, e eu vou considerar que eles são os maus. Sei fazer isso. Já fiz coisas piores. Dar boas-vindas a um babaca com seu chinelo na boca, isso, sim, que é uma merda.

Silêncio.

CASSIUS: Não entendemos por que quer esse emprego, Odin. É bem pago, mas muito perigoso. Não sabemos por que o quer, e sem saber isso não vamos lhe dar.

ODIN: Você não vai me dar nem me tirar nada. Seus donos que decidem. E se seus donos compreendem que eu sou o melhor, e sou o melhor, pagarão o que eu pedir. Porque estão mortos de medo, seus donos, e dariam qualquer coisa pra ter um pouquinho menos de medo. Se eu pedir, me beijarão os pés. Claro que é perigoso, claro que posso me dar mal, mas vale a pena. Agora, o dono sou eu.

Silêncio.

CASSIUS: Ponha-se no meu lugar. Qual dos seus companheiros escolheria?

ODIN: Não posso me pôr no seu lugar. Não posso me imaginar como uma carcaça velha que baba gratidão porque seu dono não esquece o que fiz por ele, porque não me joga no lixo.

Silêncio.

CASSIUS: Você crê em Deus?

Silêncio.

ODIN: Passei por um canil. Um dia, um sujeito te aponta com o dedo. Te levam para a mansão de uma marquesa, pra te encher de bombons, ou te levam para um laboratório, para provar umas misturebas, pra ver se você fica azul ou se bate as botas. Essa é minha ideia de Deus.

Silêncio.

CASSIUS: Por último, Odin, o que é para você o homem que te leva pela correia?

ODIN: Não quero saber.

Silêncio. Cassius faz um gesto ao Humano, que tira a correia de Odin e o leva em direção à porta A.

CASSIUS: Um momento, Odin, estava esquecendo. Seu currículo não menciona que você participou de um programa de reabilitação de cachorros ilegais.

Silêncio.

ODIN: Faz muito tempo. Me disseram que era para vaciná-los contra parasitas. Eu mesmo era um que não tinha documentos. Me ofereceram uma coleira.

CASSIUS: Não perguntei por que fez. Só mencionei que não colocou no currículo. Nos perguntamos por quê. Isso lhe dá vergonha? Será que "Odin, o cínico" é capaz de sentir vergonha?

Odin vai responder, mas Cassius faz um sinal para que o Humano o leve. A um gesto de Cassius, uma música começa a tocar; com outro gesto, a música abaixa de volume até que deixamos de escutá-la, mas Cassius continua ouvindo. O Humano volta com John-John, em quem põe a correia e tira a focinheira.

CASSIUS: Você tem um minuto para se apresentar.

JOHN-JOHN: Um minuto?

CASSIUS: Nos interessa saber como vê a si mesmo.

Silêncio.

JOHN-JOHN: Basicamente, concordo com Pascal. Ele me convenceu, me parece que colocou bem o assunto. A mim, jamais ia me ocorrer colocar esse assunto como uma loteria. Na realidade, não tinha me colocado de forma nenhuma. Meu pai nunca me falou disso. Meu pai nunca falava, quem falava com a gente era mamãe; para meu pai, isso de falar lhe parecia coisa de mulher, mas desse assunto, nem com mamãe. Mas agora sei que, se quero progredir nesta profissão, devo enfrentar o assunto, porque muitos desses beatos passam o dia rezando e não sabemos para que rezam...

Cassius faz sinal de que o tempo se esgotou.

CASSIUS: Você esperou sua vez na biblioteca. Pegou um livro e ficou lendo.

JOHN-JOHN: Aqui me dei conta de que a ação não é tudo.

CASSIUS: O volume cinco da Enciclopédia.

JOHN-JOHN: Procurei Deus, mas não deu tempo de ler tudo, parei num tal Voltaire. Não sabia que tinha tanta gente opinando sobre Deus, e coisas tão diferentes.

CASSIUS: Se considera um impulsivo, John-John?

JOHN-JOHN: Existem muitos preconceitos a respeito dos boxers, senhor. Nós sabemos pensar. Se é preciso pensar, pensamos.

CASSIUS: Se considera um boxer?

JOHN-JOHN: É meu componente predominante, senhor. Quarenta por cento.

CASSIUS: O exame grafológico indica que sim, que é impulsivo. Se considera violento?

JOHN-JOHN: Nesta vida é preciso ameaçar para não ser ameaçado. O outro tem que saber que vai pagar caro, se se atreve.

CASSIUS: Gosta do perigo?

JOHN-JOHN: Não tiro o corpo fora, não procuro desculpas. Como o senhor. Nos falaram muito do senhor no colégio, como um exemplo. Aquela vez, do avião sequestrado. Ninguém se atrevia a entrar, mas alguém tinha de fazer aquilo e o senhor fez. Eu o admiro, senhor. Quero ser como o senhor.

CASSIUS: Quer ser como eu? Me olhou bem, garoto? Já se perguntou por que inclino a cabeça para escutá-lo? Porque minha orelha direita está tão seca quanto meu olho esquerdo. Tenho dores que mal me deixam dormir, e quando consigo, os pesadelos não me deixam descansar. Nos meus sonhos me aparecem todos os meus mortos, John-John, e pode acreditar que são muitos os meus mortos. Esse é meu prêmio, por não ter tirado o corpo fora, nunca. E tive sorte. Meus melhores amigos se foram ou ficaram loucos. Quer ser como eu? Olhe bem pra mim. Pode acreditar que um dia fui uma bola de pelo que as crianças acariciavam? Hoje eu dou medo às crianças. Hoje eu mesmo tenho medo de mim...

Silêncio.

CASSIUS: Programa R. Está no seu currículo. Em que consiste esse programa?

JOHN-JOHN: R de "Resistência". Uma simulação. Te dão uma palavra secreta, e um dia, sem aviso prévio, você cai prisioneiro do inimigo. Tem que resistir sem dizer a palavra. Te amarram em posições insuportáveis, te expõem ao frio e ao calor extremos, te mantêm acordado à força, te botam na prancha d'água...

CASSIUS: Prancha d'água?

John-John usa o corpo para se explicar.

JOHN-JOHN: Prancha de madeira. Inclinada um tanto assim, para que os pés fiquem mais altos do que a cabeça. Olhos vendados, braços para trás. Uma toalha na boca, bem enfiada, até chegar à garganta. Vão jogando água, pelo nariz e pela boca, até que a toalha fica encharcada. Não falha, você pensa que vai morrer asfixiado. Eu aguentei 1,7.

CASSIUS: Mas entregou a palavra. A palavra secreta, ao inimigo.

JOHN-JOHN: Fui o que aguentou mais. Os outros não resistiram nem um minuto.

Silêncio. Cassius escreve no seu caderno.

JOHN-JOHN: Preciso desse trabalho, senhor. [*toma um comprimido. Outro*] Se não me dão a coleira, que será de mim? Um gladiador só pode ser gladiador. No colégio passavam filmes de gladiadores para a gente. "Estão sendo preparados para uma luta de vida ou morte. Não existe lugar para vocês fora dessa luta." Se vocês não me dão a coleira, deviam me sacrificar.

CASSIUS: Não seja tão dramático, rapaz. Existem outras equipes. A guerra contra o terror não acaba no K7.

JOHN-JOHN: Vocês são os melhores.

CASSIUS: Pretendemos ter em nossas fileiras os melhores entre os melhores. Por isso somos tão cuidadosos ao selecionar novos membros. Ponha-se no meu lugar. Odin ou Emanuel? Qual deles é, para você, digno de se tornar um K7?

JOHN-JOHN: Estou eliminado? Tinha me preparado ao máximo para o psicotécnico, mas me atrapalhei na coisa das 25 palavras. Faltavam 12, quis completar, e foi aí que me dei mal.

CASSIUS: Não está eliminado. É uma hipótese, para ver como você tira conclusões.

JOHN-JOHN: Como tiro conclusões? Qual eu escolheria? Numa situação de perigo eu não contaria com nenhum dos dois. Tá na cara que um é traidor e o outro, covarde.

CASSIUS: Uma vez se juntou a nós um espião. Pagamos caro por ele, ainda estamos pagando. Se você conhecesse um segredo importante, um segredo que dissesse respeito à segurança do Estado, a qual dos seus companheiros confiaria esse segredo?

JOHN-JOHN: No colégio nos falaram dos tais comunistas. Emanuel não é uma espécie de comunista?

CASSIUS: Não, não é comunista.

John-John não sabe o que dizer.

CASSIUS: Emanuel já matou. Odin já matou. E você, John-John? Você já matou?

Silêncio. John-John nega.

CASSIUS: John-John, o que é para você o homem que segura sua correia?

JOHN-JOHN: É ele?

CASSIUS: Quem?

JOHN-JOHN: Lição número cem e última: "Um dia a um homem serás entregue/ Será teu irmão e a partir daí o segues."

CASSIUS: Isso foi o que lhe ensinaram. Agora, olhe bem nos olhos dele e diga-me: quem é este homem?

JOHN-JOHN: [*olhando para o Humano*] Sou eu mesmo. Sempre estaremos juntos, até o fim. Se você comete um erro ou eu me equivoco, nós dois cairemos juntos.

Silêncio. Cassius faz um gesto para o Humano, que tira a correia de John-John e o convida a sair pela porta A. John-John se volta para Cassius.

JOHN-JOHN: Pode ser que eu ainda não esteja pronto como esses dois, mas eu seria o melhor com um homem ao lado. Ele pensará por mim e eu sentirei por ele. Os chineses podem inventar o nariz mecânico, mas nunca haverá uma máquina igual a um cachorro com um homem. Um cachorro sabe se alguém quer matar, o cachorro sabe que o homem vai fazer isso antes do próprio homem. Ponha um homem a meu lado, Cassius, e eu serei o instinto desse homem.

John-John e o Humano saem. Cassius faz um gesto como se pedisse uma música que ele ouve e nós não chegamos a escutar. O Humano volta com Emanuel, em quem coloca a correia.

CASSIUS: Tem um minuto para se apresentar.

EMANUEL: Prefiro passar imediatamente ao diálogo.

Silêncio.

CASSIUS: Você esperou na sala de televisão. Não na biblioteca.

EMANUEL: Ultimamente não consigo me concentrar no que leio.

CASSIUS: Esse é o seu peso normal?

EMANUEL: Me descuidei um pouco.

CASSIUS: Emanuel. Um nome muito grande. Se ficasse conosco, seria preciso encurtá-lo. Emel? Manu?

EMANUEL: Pra que pensar nisso? Provavelmente não vou ficar com vocês.

CASSIUS: Provavelmente.

EMANUEL: Me surpreende que ainda não tenham me descartado. A menos que estejam procurando alguma coisa além do olfato e da força.

CASSIUS: Suponha que só estivéssemos procurando olfato ou força. Quem deveríamos escolher?

EMANUEL: De que vale a força sem uma razão que a governe? De que vale um olfato que se colocará a serviço de quem pague mais?

CASSIUS: Quem, Emanuel?

EMANUEL: Se a responsabilidade fosse minha, escolheria John-John.

Silêncio.

CASSIUS: Seu currículo é incomum. Estudos de filosofia.

EMANUEL: Nos currículos sempre se exagera. Isabel, minha dona, estudava filosofia. Eu aprendi alguma coisa por acompanhá-la às aulas e escutar as lições. Por isso, me deu o nome de Emanuel.

CASSIUS: ?

EMANUEL: Uma brincadeira. Me chamava Emanuel Cão. Ela tinha esse tipo de humor. Você sabe, Emanuel Kant.

CASSIUS: Não, não sei.

EMANUEL: *Crítica da razão pura*. Bem, tem livros mais acessíveis. Recomendo começar por *A paz* *perpétua.* "Vai existir algum dia paz entre os povos?", se pergunta Kant. Ele é otimista. Segundo ele, por puro egoísmo, para não se devorarem entre si, os humanos vão chegar a acordos cada vez mais amplos. No fim, vai reinar uma hospitalidade universal, não haverá fronteiras, ninguém se sentirá estrangeiro em nenhum lugar da Terra.

Silêncio.

CASSIUS: Tem certeza de que este lugar é para você? Tem certeza de que quer este trabalho?

EMANUEL: De todo o meu coração.

CASSIUS: Por que esconde essa cicatriz?

EMANUEL: ?

CASSIUS: No pescoço. É muito grande para esconder.

EMANUEL: Não escondo.

CASSIUS: Talvez faça isso sem saber, mas esconde. Te dá vergonha?

EMANUEL: Não me vanglorio dela, mas também não me envergonho.

CASSIUS: Gostaria de saber de onde ela vem.

EMANUEL: Foi um acidente de trabalho.

CASSIUS: Se não quer falar disso, não vamos obrigá-lo.

Silêncio.

EMANUEL: Antes de viver com Isabel, pertenci a um homem que me levava para brigar. Brigas clandestinas, com apostas.

CASSIUS: Não mencionou nada disso no seu currículo.

EMANUEL: Não tenho mais nada a ver com aquele que fui antes.

CASSIUS: Era bom lutador?

EMANUEL: Tinha de ser. Se você cometia um erro, o dono te batia até que você uivava pedindo pra morrer. E quando batia em outro, te fazia assistir, para que você visse o que te esperava. Às vezes te batia por bater, para te endurecer, ele dizia.

CASSIUS: É difícil imaginá-lo mordendo uma garganta.

EMANUEL: Não tinha escolha.

CASSIUS: Você matou?

Silêncio.

EMANUEL: Se estou vivo é porque matei. Aquelas lutas só acabavam em morte. Só valia ganhar. Tinha uns caras mais fortes, mas eu sabia esperar a minha vez.

Silêncio.

CASSIUS: Você matou?

EMANUEL: Um dia perdi a paciência, me cansei de levar surras. Deixei aquele filho da puta morto, mas ganhei esse presente. Me esvaía em sangue, estava morrendo. Foi um milagre que um homem tenha me recolhido e me levado pra casa da sua filha. Ela me curou. Quando a conheci, Isabel me pareceu uma moça estranha. Andava de um jeito estranho, olhava estranho. Até que compreendi o que estava acontecendo. No começo foi difícil pra mim. Não falo de acompanhar uma cega, falo de entender as novas regras. Entender que ela não queria me usar. Isso foi o mais importante que aprendi com ela. Além de outras coisas menores. Pascal, por exemplo. O pai lia para ela as lições em voz alta.

Silêncio.

CASSIUS: Algum trabalho a mais, além das lutas e esse de guia?

EMANUEL: Com Isabel não era um trabalho. Era muito mais do que isso.

CASSIUS: Mas já não está com ela. Foi você quem saiu ou foi despedido?

Silêncio.

EMANUEL: Uma manhã, quando estávamos indo para a universidade... Não sei como não reconheci o perigo... Houve uma explosão e... [*a emoção não o deixa continuar. Silêncio*] Não me separei dela até chegar seu pai. Ao vê-lo ali, abraçado a Isabel, abraçado ao que restava de

Isabel, prometi a mim mesmo que tinha de fazer alguma coisa.

Silêncio.

CASSIUS: Não pensou em visitar um psicólogo? Ele o ajudaria a esquecer. A tirar da cabeça a imagem dessa moça destroçada.

EMANUEL: Não quero tirar essa imagem da cabeça. Não quero esquecer.

CASSIUS: Não queremos ninguém que não domine suas emoções. Não queremos ninguém que use este trabalho para pagar dívidas pessoais.

EMANUEL: Não posso pagar essa dívida. Essa dívida é impagável.

Silêncio.

CASSIUS: Sua definição tem mais de 25 palavras.

EMANUEL: Quarenta e três. Achei melhor ser preciso do que cumprir a regra.

Silêncio.

CASSIUS: Emanuel, o que é para você o homem que te conduz pela correia?

EMANUEL: Não sei. Não o conheço.

Silêncio. Cassius se dispõe a sair pela porta A. O Humano tira a correia de Emanuel. Cassius se volta para Emanuel.

CASSIUS: Só uma coisa a mais, Emanuel. Quando John--John atacou Odin... Você ficou olhando, à margem. Nos surpreendeu sua neutralidade. Nos surpreendeu que sua decisão fosse não fazer nada.

Antes que Emanuel consiga responder, Cassius sai; atrás dele sai também o Humano. Daí a pouco volta Odin e depois, John-John. A porta se fecha.

JOHN-JOHN: E? Quem ganhou? Quanto tempo mais temos de esperar? Me prepararam para a ação, não para ficar esperando. Não me prepararam para isso, me prepararam para...

ODIN: [*ao espectador-câmera*] Ponham a porra dessa música! Não quero ouvir esse chorão!

JOHN-JOHN: Cassius sabia que eu estava na biblioteca. Era parte do exame ver com o que cada um se entretinha? Onde você estava?

ODIN: Na sala de televisão, depois na biblioteca, depois no jardim e de novo na biblioteca. Estava perseguindo um gato.

JOHN-JOHN: Expliquei a ele a coisa do Pascal, mas não sei se me fiz entender, me dói a cabeça de tanto Pascal. Quero entrar em ação, a filosofia me dá dor de cabeça.

EMANUEL: Não é a filosofia. Sabe por que eu acho que te dói a cabeça? Porque seu cérebro, quando você se excita, é maior do que seu crânio. Tenho certeza de que ela também dói quando você está com uma fêmea.

JOHN-JOHN: É verdade.

EMANUEL: Quando o cérebro se excita, dói. Por causa de todas essas cruzas. Provavelmente, você tem cérebro de pit bull e crânio de rottweiler.

JOHN-JOHN: Foi um erro dos que...?

EMANUEL: Oh, não. Talvez pensem que quanto mais te doa a cabeça em momentos críticos, melhor cachorro você vai ser.

JOHN-JOHN: Por isso me dói. Acha que eu tenho que deixar de...?

ODIN: Se você conseguir fazer sem se excitar...

JOHN-JOHN: No colégio, eles falavam de uma quarta prova. Uma prova especial, em caso de empate.

ODIN: Que empate? Daqui a pouco o velho vai vir para anunciar minha vitória.

JOHN-JOHN: Perguntei aos meus pais se eles tinham passado por isso, mas não queriam falar desse assunto. No colégio, diziam umas coisas. Que te apontam uma casa suspeita e você tem de resolver tudo sozinho. Que você tem que neutralizar um cachorro-bomba.

ODIN: Um cachorro-bomba? [*morre de rir*]

EMANUEL: Antigamente, os mineiros usavam burros contra a polícia. Burros carregados de dinamite.

ODIN: Cachorros explosivos, burros explosivos, pulgas explosivas...

Abre-se a porta A, entra Cassius.

CASSIUS: Felicitações, senhores, suas qualificações são magníficas. As três provas não foram suficientes para encontrar o vencedor. Somos obrigados a colocá-los diante de uma quarta prova. A decisiva. Senhor.

Volta-se para a porta A, pela qual entra o Humano, trazendo nas mãos uma coleira branca nova.

HUMANO: John-John, Odin, Emanuel, não nos equivocamos quando selecionamos vocês. No entanto, descobrimos que cada um apresenta uma vulnerabilidade. Um calcanhar de Aquiles. Vocês vão entender que não podemos correr riscos. Está em jogo a segurança dos trabalhadores do K7. A vida dos cidadãos que juramos proteger. A sobrevivência do nosso mundo. Precisamos saber que compreendem isso, que o que defendemos é todo um mundo: pessoas, mas também convicções, princípios. Para o posto que forem indicados, em cada missão, o escolhido combaterá não só por nossas vidas, mas também por nossos valores mais profundos. Precisamos estar seguros disso, diante do que tudo o mais — o olfato, a força... — tem importância menor.

Faz um gesto para Cassius, que abre a porta B.

HUMANO: Atrás dessa porta, já adivinharam, existe vida. Um ser humano. Ele garante que não sabe nada, mas suspeitamos que ele tenha dados sobre um iminente atentado contra a população civil.

John-John quer correr em direção à porta B. Cassius o detém.

HUMANO: Antes de tomar uma decisão, queremos, senhores, que dividam conosco as nossas dúvidas. Talvez esse homem realmente não saiba nada. E mesmo que saiba, se tocamos nele, se tocamos nesse homem desarmado, não estaremos justificando sua tenebrosa visão do mundo? Em que nos distinguiremos dele, se desprezamos a lei? Se esse homem não tem direitos, não estão também meus direitos em perigo, os de todos os homens, a democracia? Lutamos por valores. No entanto, pessoas inocentes podem estar a ponto de morrer.

Dispara o cronômetro: tic-tac, tic-tac...

JOHN-JOHN: Quero ser um cachorro perfeito, mas preciso de ordens claras. Me jogue sobre ele e o coloco de joelhos na sua frente. É isso que quer? Quer ou não quer que eu morda esse homem? É outro exercício de raciocínio? Minha cabeça vai estourar. Vou embora.

ODIN: Não pode ir, rapaz. Só o ganhador vai sair daqui, com uma coleira branca.

JOHN-JOHN: Do que você está falando? Por que ninguém fala claro aqui?

ODIN: Presta atenção, com teus 30% de rottweiler: dois de nós serão transformados em salsicha. Ou você acha que vão nos deixar sair para contar o que vimos? Diga a ele, Cassius, só sobreviverá aquele que ganhar a coleira. O que perde, morre, Espártaco. Não é verdade, mestre Cassius?

JOHN-JOHN: Vamos agir em conjunto e nada poderá nos parar. Vocês se ocupam dele, eu me encarrego do velho. Se conseguirmos chegar ao jardim...

ODIN: O jardim termina em um fosso. A biblioteca não tem janelas; a sala de televisão, sim, mas são falsas. Não há saída.

Pausa.

JOHN-JOHN: É uma aposta? Não sei se esse homem é bom ou mau. Se ajo como se ele fosse mau e ele é mau, salvo um monte de gente. Se ajo como se fosse mau e ele é bom, acabo com uma pessoa boa. Se ajo como se fosse bom e ele é mau, acabo com um monte de pessoas boas.

Pausa. John-John vai até a porta B. Odin o segue.

HUMANO: Alto, John-John. Alto, Odin!

John-John e Odin obedecem.

HUMANO: [*a Emanuel*] Eles já tomaram uma decisão. Você ainda duvida. Apreciamos suas dúvidas e sua capacidade de superar essas dúvidas. Temos muitas esperanças em você. Você não tem a força de John-John nem o olfato de Odin, mas tem um coração sábio. Queremos esse coração, se podemos confiar nele.

Tic-tac, tic-tac...

HUMANO: Vai ficar aí, olhando o que os outros fazem? Não se dá conta de que esta prova é para você, de que esta é a sua prova? Vai dar razão a quem pensa que não serve para este trabalho?

Tic-tac, tic-tac...

EMANUEL: Você já disse: se tocamos nesse homem, justificaremos sua tenebrosa visão do mundo. Você já disse: em que nos distinguiremos dele, se desprezamos a lei? Se esse homem não tem direitos, os seus também estão em perigo. Os de todos os homens, a democracia. Lutamos por valores.

HUMANO: Então Odin tem razão, você é um imbecil? Nos decepciona ouvir da sua boca frases feitas. Pense por você mesmo, *sapere aude*! Direitos! Democracia! Que direitos existiriam sem nós? Que democracia? Somos o coração da democracia, aqui se salva todos os dias a democracia. A lei! Amamos tanto a lei que, mesmo que esse homem talvez queira acabar com ela, o tratamos de acordo com a lei. Desde que isso seja compatível com nossa primeira missão, que é salvar a lei. E acontece que, para salvar a lei, às vezes é preciso abrir mão dela. Mas essa decisão só quem deve tomar é alguém que sinta um profundo amor pela lei. Alguém que nunca empregue a força para humilhar, nem para vingar-se, nem para castigar. Você ama a lei tanto quanto eu a amo, Emanuel? Então, não deixará que Odin e John--John se aproximem desse homem. Valores! A vida não lhe parece um valor importante? Os direitos desse homem são mais valiosos do que o direito de um inocente à vida? Mas e se ele fosse inocente? Você pergunta. Sim, Emanuel, esse homem pode ser inocente. Podemos nos equivocar, como os juízes se equivocam. Nós não somos juízes, nós salvamos vidas. Não é uma aposta muito alta colocar vidas em perigo só porque esse homem talvez não seja culpado?

EMANUEL: Ganharemos seu ódio, o de seus filhos, o de seus irmãos... Diga a ele, Cassius. Ajude-me, Cassius.

Cassius fica calado.

EMANUEL: Temos que oferecer a ele justiça, não ódio. Hobbes diz...

HUMANO: Citações, não, Emanuel, para mim não, eu também sei um monte de citações. Sabe o que Napoleão disse sobre os guerrilheiros espanhóis? *"Il faut opérer en partisan partout où il y a des partisans."* Com eles, só se pode lutar do jeito deles. Eles não esperam nossa justiça nem podem odiar-nos mais do que já nos odeiam. Sabem como eles nos veem? Como monstros. E não vacilarão em destruir seus monstros. Eles não vacilariam. O sonho deles é nos colocar de joelhos, fazer dos nossos filhos seus escravos. Amanhã, quando passar o perigo, os mesmos hipócritas que hoje fecham os olhos vão nos julgar, escandalizados. Nós não vamos procurar desculpas, e aceitaremos o castigo que os fariseus nos impuserem. Faremos o que tem que ser feito, ainda que cuspam em nós e nos condenem, e ainda que nossas almas sofram. Sacrificar a alma, essa é hoje a tarefa do herói. Somos os heróis destes tempos negros. Trabalhamos na sombra, como delinquentes, mas não temos do que nos envergonhar: salvamos vidas e a lei e a democracia arriscando nossas vidas. A liberdade de todos depende de nossas almas atormentadas. Dizemos às pessoas que o mal não pode ganhar, mas ele ganhará se nós não cumprirmos nosso dever. O mal pode vencer, Emanuel, pode vencer a morte. Lembra como começa *A paz perpétua*? Um cemitério é o único lugar que garante a paz perpétua. Não haverá outra paz que não seja a que conquistemos a cada dia. Tomara que um dia o amor à liberdade se imponha nos corações, tomara que um dia haja uma humanidade sem inimigos. Lutamos para que chegue esse dia. Esta é uma guerra metafísica, uma guerra no espírito. Razão ou sombra, progresso ou reação, civilização ou barbárie? De que lado você está, Emanuel?

EMANUEL: Sou só um cachorro.

HUMANO: Distinguir hoje entre o justo e o injusto, só o coração de um cachorro é capaz de fazer. Nunca o cachorro foi tão necessário ao homem. A humanidade está em perigo, não nos abandonem.

Silêncio.

EMANUEL: Me deixe falar com esse homem. Vou achar as palavras.

HUMANO: Quantas vidas está disposto a sacrificar por suas palavras? Inocentes como Isabel. Isabel estaria viva se soubéssemos que o perigo estava ali, esperando por ela. Você não viu o perigo a tempo. Em que estava pensando, Emanuel? Em que está pensando enquanto Isabel se aproxima da morte? Pense nela, Emanuel.

EMANUEL: Não deixo de pensar em você. Sei que te daria vergonha. Você sentiria vergonha.

HUMANO: Kant se envergonharia de você. Kant estaria do nosso lado. Trabalhamos para que todos possam ler Kant, pensar em liberdade, viver em liberdade. Mas a liberdade tem um preço. Esse preço somos nós que pagamos, nos nossos corações. E continuaremos pagando até que chegue a paz. Ao mundo e aos nossos corações. É nosso sonho: a paz perpétua.

Faz um sinal a John-John e a Odin, que vão em direção à porta B. Mas Emanuel fecha a passagem, protegendo a porta. John-John e Odin ameaçam Emanuel, que não cede. John--John e Odin atacam Emanuel. Emanuel morre.

FIM

Por que publicar dramaturgia

Os textos de teatro são escritos de diversas maneiras: durante ensaios, como adaptações de romances, a partir de discussões com encenadores e artistas, solitariamente, vindos de ideias avulsas ou de enredos históricos, além de tantas outras maneiras existentes e por serem inventadas. Pensar o texto dramático como um modo de escrita para além do papel, que tem a vocação de ser dito e atuado, não elimina seu estágio primeiro de literatura. O desejo de pensar sobre as diferenças e confluências entre o texto dramático e o texto essencialmente literário nos levou a elaborar este projeto de publicações: a *Coleção Dramaturgia*. Queríamos propor a reflexão sobre o que faz um texto provocar o impulso da cena ou o que faz um texto prescindir de encenação. E mesmo pensar se essas questões são inerentes ao texto ou à leitura de encenadores e artistas.

O livro é também um modo de levar a peça a outros territórios, a lugares onde ela não foi encenada. Escolas, universidades, grupos de teatro, leitores distraídos, amantes do teatro. Com o livro nas mãos, outras encenações podem ser elaboradas e outros universos construídos. Os mesmos textos podem ser lidos de outros modos, em outros contextos, em silêncio ou em diálogo. São essas e tantas outras questões que nos instigam a ler os textos dramáticos e a circulá-los em livros.

Publicar a *Coleção Dramaturgia Espanhola*, que chega às prateleiras após o generoso convite de Márcia Dias à Editora Cobogó, e com o importantíssimo apoio da Acción Cultural Espanhola – AC/E, foi para nós uma oportunidade de discutir outras linguagens no teatro, outros modos de pensar a dramaturgia, outras vozes, e, ainda, expandir nosso diálogo e a construção de uma cultura de *ler teatro*. Ao ampliar nosso catálogo de textos dramáticos com as peças espanholas — ao final deste ano teremos trinta títulos de teatro publicados! —, potencializamos um rico intercâmbio cultural entre as dramaturgias brasileira e espanhola, trazendo aos leitores do Brasil uma visada nova e vibrante, produzida no teatro espanhol.

Isabel Diegues
Editora Cobogó

Dramaturgia espanhola no Brasil

Em 2013, em Madri, por intermédio de Elvira Marco, Elena Díaz e Jorge Sobredo, representantes da Acción Cultural Española – AC/E, conheci o Programa de Intercâmbio Cultural Brasil-Espanha. O principal objetivo do programa seria divulgar a dramaturgia contemporânea espanhola, incentivar a realização das montagens dessas obras por artistas brasileiros, estimular a troca de maneiras de fazer teatro em ambos os lados do Atlântico, promover a integração e fortalecer os laços de intercâmbio cultural entre Brasil e Espanha.

O programa havia, então, selecionado dez obras, através de um comitê de personalidades representativas das artes cênicas espanholas. A ideia inicial seria contratar uma universidade para a tradução dos textos, buscar uma editora brasileira que se interessasse em participar do projeto no formato e-book, programar entrevistas com os autores e promover a difusão dos textos através de leituras dramatizadas com diretores de grupos e companhias brasileiras.

Ao conhecer o programa, comecei a pensar sobre como despertar o interesse de uma editora e de artistas brasileiros para participar dele. O que seria atraente para uma editora, e consequentemente para o leitor, na tradução de um texto da atual dramaturgia espanhola? Como aproximar artistas brasileiros para a leitura de obras espanholas? Como verticalizar a experiência e fazer, de fato, um intercâmbio entre artistas brasileiros e espanhóis? Estimulada por essas e outras questões e percebendo o potencial de articulação, cruzamentos e promoção de encontros que um projeto como esse poderia proporcionar, encampei o programa expandindo suas possibilidades. A ideia, agora, seria aproximar artistas dos dois países em torno de um projeto artístico mais amplo potencializado pelo suporte de festivais internacionais realizados no Brasil que se alinhassem aos objetivos do TEMPO_FESTIVAL, dirigido por mim, Bia Junqueira e César Augusto, principalmente no que se refere ao incentivo à criação e suas diferentes formas de difusão e realização.

A partir de então, convidei quatro festivais integrantes do Núcleo dos Festivais Internacionais de Artes Cênicas do Brasil — Cena Contemporânea – Festival Internacional de Teatro de Brasília; Porto Alegre em Cena – Festival Internacional de Artes Cênicas; Festival Internacional de Artes Cênicas da Bahia – FIAC; e Janeiro de Grandes Espetáculos – Festival Internacional de Artes Cênicas de Pernambuco — para participar do projeto e, juntos, selecionarmos dez artistas de diferentes cidades do Brasil para a tradução e direção das leituras dramáticas dos textos.

Assim, para intensificar a participação e aprofundar o intercâmbio cultural, reafirmando uma das importantes funções dos festivais, decidimos que seriam feitas duas leituras dramáticas a cada festival, com diferentes grupos e companhias de teatro locais, em um formato de residência artística com duração aproximada de cinco dias. Com essa dinâmica, os encontros nos festivais entre o autor, o artista-tradutor e os artistas locais seriam adensados, potencializados. A proposta foi prontamente aceita pela AC/E, uma vez que atenderia amplamente aos objetivos do Programa de Intercâmbio Cultural Brasil-Espanha.

Desde então, venho trabalhando na coordenação do Projeto de Internacionalização da Dramaturgia Espanhola. A primeira etapa foi buscar uma editora brasileira que tivesse o perfil para publicar os livros. Não foi surpresa confirmar o interesse de Isabel Diegues, da Editora Cobogó, que, dentre sua linha de publicações, valoriza a dramaturgia através de livros de textos de teatro, com sua Coleção Dramaturgia.

A segunda etapa foi pensar as leituras das obras espanholas junto aos diretores dos festivais parceiros representados por Paula de Renor, Guilherme Reis, Felipe de Assis e Luciano Alabarse e definir os artistas que poderiam traduzir os textos. Com isso, convidamos Aderbal Freire-Filho, Beatriz Sayad, Cibele Forjaz, Fernando Yamamoto, Gilberto Gawronski, Hugo Rodas, Luís Artur Nunes, Marcio Meirelles, Pedro Brício e Roberto Alvim, que toparam a aventura!

Finalmente, partimos para a edição e produção dos livros e convidamos os grupos e companhias locais para a realização das residências artísticas e leituras dramáticas, que culminariam no lançamento das publicações em cada um dos festivais parceiros, cumprindo um calendário de julho de 2015 a janeiro de 2016.

Enquanto ainda finalizamos os últimos detalhes das publicações, compartilhando o entusiasmo de diretores, tradutores e tantos outros parceiros da empreitada, imagino quais desdobramentos serão possíveis a partir de janeiro de 2016, quando os livros já estiverem publicados e tivermos experimentado as leituras e conversas sobre dramaturgia. Quem sabe a AC/E não amplie o programa? Quem sabe não estaremos começando a produção de um desses espetáculos no Brasil? Quem sabe essa(s) obra(s) não circule(m) entre outros festivais internacionais do Brasil? Quem sabe não estaremos levando para a Espanha traduções de palavras e de cenas de alguns dos espetáculos, com direção e atuação de artistas brasileiros? Enfim, dos encontros, sem dúvida, muitas ideias irão brotar... Vou adorar dar continuidade ao(s) projeto(s). Fica aqui o registro!

Márcia Dias
Curadora e diretora do TEMPO_FESTIVAL

CIP-BRASIL. CATALOGAÇÃO-NA-FONTE
SINDICATO NACIONAL DOS EDITORES DE LIVROS, RJ

Mayorga, Juan, 1965-
M422p   A paz perpétua / Juan Mayorga ; tradução Aderbal Freire-
-Filho.- 1. ed.- Rio de Janeiro : Cobogó ; Espanha : La Sociedad
Estatal de Acción Cultural, S.A., 2015.
88 p.; 19 cm. (Dramaturgia espanhola)
Tradução de: La paz perpetua
ISBN 978-85-60965-85-4

1. Teatro espanhol (Literatura). I. Freire-Filho, Aderbal, 1941-.
II. Título. III. Série.

15-25277
CDD: 862
CDU: 821.134.2-2

Nesta edição, foi respeitado o Acordo Ortográfico da Língua Portuguesa
de 1990, que entrou em vigor no Brasil em 2009.

Todos os direitos em língua portuguesa reservados à
Editora de Livros Cobogó Ltda.
Rua Jardim Botânico, 635/406
Rio de Janeiro–RJ–22470-050
www.cobogo.com.br

© Editora de Livros Cobogó
© AC/E (Sociedad Estatal de Acción Cultural S.A.)

Texto
Juan Mayorga

Tradução
Aderbal Freire-Filho

Idealização do projeto
Acción Cultural Española – AC/E e TEMPO_FESTIVAL

Coordenação geral Brasil
Márcia Dias

Coordenação geral Espanha
Elena Díaz, Jorge Sobredo e Juan Lozano

Editores
Isabel Diegues
Julia Martins Barbosa

Coordenação de produção
Melina Bial

Revisão da tradução
João Sette Camara

Revisão
Eduardo Carneiro

Capa
Radiográfico

Projeto gráfico e diagramação
Mari Taboada

Outros títulos desta coleção:

APRÈS MOI, LE DÉLUGE (DEPOIS DE MIM, O DILÚVIO),
de Lluïsa Cunillé
Tradução Marcio Meirelles

ATRA BÍLIS, de Laila Ripoll
Tradução Hugo Rodas

CACHORRO MORTO NA LAVANDERIA: OS FORTES, de Angélica Liddell
Tradução Beatriz Sayad

CLIFF (PRECIPÍCIO), de José Alberto Conejero
Tradução Fernando Yamamoto

DENTRO DA TERRA, de Paco Bezerra
Tradução Roberto Alvim

MÜNCHAUSEN, de Lucía Vilanova
Tradução Pedro Brício

NN12, de Gracia Morales
Tradução Gilberto Gawronski

O PRINCÍPIO DE ARQUIMEDES, de Josep Maria Miró i Coromina
Tradução Luís Artur Nunes

OS CORPOS PERDIDOS, de José Manuel Mora
Tradução Cibele Forjaz

2015

———————————

1ª impressão

Este livro foi composto em Univers.
Impresso pela gráfica Stamppa
sobre papel Pólen Bold 70g/m².